글 한영식

지구상에서 가장 다채로운 곤충 세계에 매료되어 다양한 자연환경 책을 만드는 일을 하고 있습니다.
작품으로는 《봄여름가을겨울 곤충도감》《곤충학습도감》《어린이 곤충비교도감》《우리와 함께 살아가는 곤충 이야기》
《우리와 함께 살아가는 식물 이야기》《우리와 함께 살아가는 작은 생물 이야기》《곤충들의 살아남기》
《와글와글 곤충대왕이 지구를 지켜요》《작물을 사랑한 곤충》 등이 있습니다.

그림 유근택

자연과 더불어 사는 곤충과 동물, 사람들의 모습을 그림책으로 만드는 작업을 하고 있습니다.
작품으로는 《누가 그랬어?》《바빠요 바빠》《나를 찾아봐》《동물들이 바빠요 바빠》《곤충들의 살아남기》
《자연관찰도감》《누가 누가 갯벌에서 살까?》《개미야, 진딧물은 키워서 뭐하게?》《나비의 과거는 묻지 말아줘!》
《도감동화 "찡"》《감쪽같이 속았지!》 등이 있습니다.

누가 누가 물에서 살까?

초판 1쇄 펴낸날 | 2014년 2월 27일
초판 3쇄 펴낸날 | 2020년 12월 1일

글 | 한영식
그림 | 유근택
펴낸이 | 장승규
기획편집 | 이영란
디자인 | 드림스타트
펴낸곳 | 도서출판 세용
등록 | 2003년 9월 17일 제 300-2003-3
주소 | 성남시 분당구 금곡로 263, 508-801
E-mail | seyongbook@naver.com

ISBN 978-89-93196-38-2 74490
ISBN 978-89-93196-21-4(세트)

* 값은 뒤표지에 있습니다. * 파본은 바꾸어 드립니다.
*이 책에 실린 모든 내용(글·그림)의 저작권은 저작자에게 있으며, 서면을 통한 출판권자의 허락 없이 내용의 전부 혹은 일부를 사용할 수 없습니다.

 자연일기 2 물속 생물 이야기

누가 누가 물에서 살까?

한영식 글·유근택 그림

졸졸졸 흐르는 물속에는 어떤 생물들이 살고 있을까?
잘 보이지 않는다고?
바위틈, 돌밑, 물풀 사이를 꼼꼼히 찾아봐.
신비롭고 다채로운 물속 생물들을 만날 수 있을 거야.
자, 그럼 우람이랑 같이 지금부터 찾으러 가 볼까?

세용

초저녁에 시작된 봄비가 밤늦도록 내리고 있어요.

처음에는 시끄럽던 빗소리가 이젠 자장가처럼 들리네요.

우람이는 그 소리를 들으며 잠이 들었어요.

이튿날 아침, 눈부신 햇살이 방 안까지 들어왔어요.

'어, 비가 그쳤나?'

벌떡 일어난 우람이는 마당으로 달려 나갔어요.

"우와! 세상이 온통 초록빛이네!"

밤새 내린 빗물로 목욕한 풀과 나무들이 더없이 싱그러워요.

하늘은 언제 그랬냐는 듯 맑게 개었어요.

그 하늘을 수놓고 있는 나비들의 날갯짓이 무척 예뻐요.

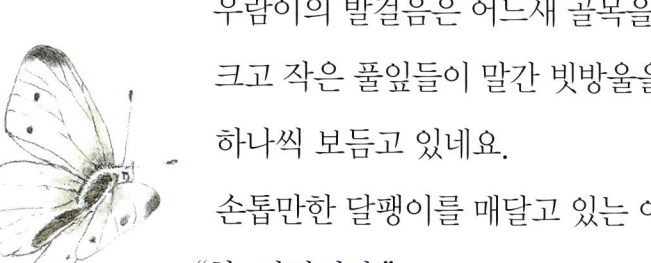

우람이의 발걸음은 어느새 골목을 향하고 있어요.

크고 작은 풀잎들이 말간 빗방울을

하나씩 보듬고 있네요.

손톱만한 달팽이를 매달고 있는 이파리도 있고요.

"헉, 지렁이다!"

우람이는 꿈틀거리는 지렁이가 징그러워

좋아하지 않아요.

하지만 오늘은 불쌍하다는 생각이 먼저 드네요.

야트막한 언덕 위로 모여드는 개미들도 그렇고요.

땅 속 집에 홍수가 나는 바람에 피난 나온 것일 테니까요.

배추흰나비

개미

우람이는 문득 시냇물이 얼마나 불었는지 궁금해졌어요.
개울을 따라 내려가다 보니 바짓가랑이가 흠뻑 젖어 버렸네요.
'엄마한테 야단맞겠네!'
하지만 우람이는 발걸음을 멈추지 않았어요.
잠시 후, 우람이는 개울 두 개가 모여 시내를 이루는 곳에 도착했어요.
인기척에 놀란 청개구리들이 물속으로 풍덩 뛰어드네요.
그 바람에 물 위를 걷던 소금쟁이만
애꿎게 뒤집어질 뻔했어요.
몸집이 훨씬 더 작은 칠성무당벌레는
꿈쩍도 하지 않는데,
청개구리는 아마도 겁이 많은 녀석들인가 봐요.
청개구리가 뛰어든 시내 저편에는
백로가 살금살금 걷고 있네요.

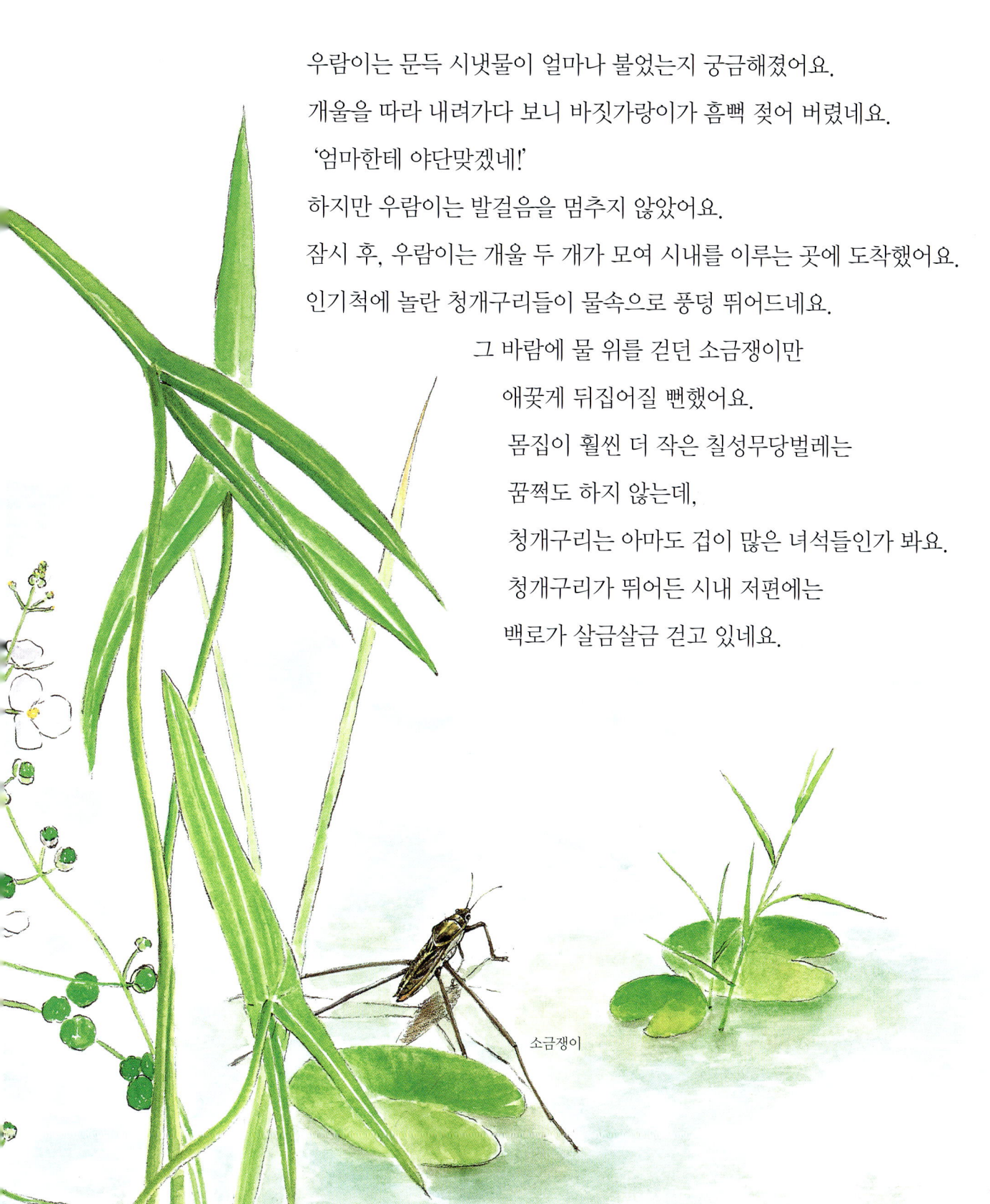

소금쟁이

송사리

왜가리

시내 아래쪽으로 내려간 우람이는 물속을 들여다보았어요.
새끼손가락보다 더 작은 송사리들이 수영 실력을 뽐내고 있네요.
살금살금 걷고 있는 왜가리의 움직임을 전혀 모르고 있는 듯해요.
"앗!"
바로 그 순간, 발을 헛디딘 우람이가 풀밭에 넘어지고 말았어요.
'푸드덕!'
사냥을 하려던 왜가리가 화들짝 놀라 하늘로 날아오르네요.
덕분에 왜가리 부리가 등지느러미까지 닿았던 송사리 한 마리는
목숨을 건질 수 있었어요.

물살 때문에 넘어진 풀잎 위에 물잠자리가 앉아 있네요.
그 큰 눈으로도 코앞에 있는 청개구리가 보이지 않나 봐요.
침을 꿀꺽 삼키며 노려보고 있는데 말이에요.
그러고 보니 청개구리가 누굴 노리고 있는지 아리송해요.
물잠자리 바로 뒤에 등줄실잠자리가 있으니까요.
그것도 암수 두 마리가 짝짓기를 하고 있네요.
가늘고 긴 몸통을 구부려 하트 모양을 만들면서요.
우람이는 조심스럽게 발길을 옮겼어요.
물잠자리나 등줄실잠자리가 잡혀먹지 않기를 바라면서,
그리고 청개구리의 주린 배도 곧 채워지기를 바라면서…….

청개구리

시냇가 둔치에는 다양한 식물들이 자라고 있어요.
비가 내린 뒤에는 이름 모를 꽃들이 더욱 예뻐 보이지요.
빗물을 듬뿍 먹은 덕분에 훌쩍 자라기도 하고요.
아, 그런데 꽃잎 주변으로 칠성무당벌레들이 모여드네요.
가느다란 줄기 끝에 내려앉은 녀석은 위태로워 보여요.
'조심해. 떨어지겠다!'
바람 한 점 없는데도 꽃줄기가 이리저리 흔들리고 있어요.
콩알만 한 칠성무당벌레의 무게도 버거운가 봐요.
우람이는 칠성무당벌레들이 왜 모여들었는지 궁금했어요.
그래서 꽃줄기 주변을 찬찬히 살펴보았지요.
'아, 그랬구나!'
배고픈 칠성무당벌레들이 진딧물 사냥을 하고 있었던 거예요.
칠성무당벌레는 애벌레일 때부터 진딧물을 먹고 자라요.
어른벌레가 되면 진딧물이 가장 무서워하는 천적이 되지요.

칠성무당벌레

바로 옆 꽃잎은 노랑나비가 차지하고 있네요.
그 옆 풀잎에는 물잠자리도 보이고,
작은주홍부전나비도 날아오네요.
노랑나비 주둥이는 용수철처럼 생겼어요.
평소에는 동그랗게 감고 있다가,
꿀을 빨아들일 때만 곧게 펴서
사용하지요

물총새

물잠자리

작은주홍부전나비

우람이는 노랑나비 옆으로 다가갔어요.
꿀 먹는 모습을 보고 싶었기 때문이지요.
그런데 노랑나비가 날아가지 않네요.
"우와, 신기하다!"
우람이는 나비를 그 어느 때보다
자세히 볼 수 있었어요.
그리고 나비는 꿀을 빠는 순간만큼은
주변까지 둘러볼 겨를이 없다는
사실도 알게 되었지요.

시냇가에는 크고 작은 웅덩이가 여러 개 있어요.
'웅덩이 속에도 시냇물과 같은 생물들이 살고 있을까?'
우람이는 주변에 있는 웅덩이를 살펴보았어요.
"어? 저건 게아재비 아냐?"
게아재비가 도망가는 송사리를 열심히 쫓고 있네요.

송사리를 사냥하는 게아재비

미꾸라지

물달팽이

우렁이

웅덩이 바닥에는 물달팽이와 우렁이가 꼬물거리고 있어요.
그 옆을 지나던 미꾸라지가 잠깐 한눈을 팔았는지,
뾰족한 우렁이 꼭지에 박치기를 할 뻔했네요.
물이 고여 있어서 웅덩이 속에는 다양한 물풀이 자라고 있어요.

물풀 먹는 청둥오리

'웅덩이보다 규모가 큰 연못에는 무엇이 살고 있을까?'
우람이는 곧바로 근처 연못으로 발길을 옮겼어요.
궁금증이 생기면 견디지 못하는 성격 때문이지요.
연못 한쪽에는 연잎과 개구리밥이 동동 떠 있었어요.
올챙이, 물방개, 애물땡땡이, 그리고 크고 작은 물고기들…….

연못 속에서도 많은 생물들이 살아가고 있네요.
그 중에서 물방개는 무척 재미있어요.
물속에 있을 때는 딱지날개 속에 저장해 둔 공기로 숨을 쉬어요.
하지만 사냥을 하다보면 필요 이상의 물을 먹게 되지요.
그래서 물방개는 물 밖으로 나오면 물방귀부터 뀐다고 하네요.

큰밀잠자리

애물땡땡이

죽은 물고기를 먹는 물방개

올챙이 체액을
빨아먹는 장구애비

보다 깊은 곳으로 눈을 돌려 보니
더욱 신기한 물속 세상이 펼쳐져 있어요.
꼬리처럼 생긴 숨관을 물 밖에 내놓고 호흡하는 장구애비,
올챙이 사냥에 여념이 없는 물장군과 게아재비,
그리고 암컷이 낳은 알을 등에 붙여 짊어지고 다니며
부화할 때까지 정성껏 돌보는 물자라도 보이네요.
우람이는 자식을 사랑하는 아빠 물자라의 포근한 마음이
고스란히 느껴져 가슴이 따뜻해졌어요.

올챙이를 사냥하는 물장군

하늘을 날던 나방 한 마리가 연못 위에 떨어지고 말았네요.
천적의 공격을 받은 건지, 거미줄에 걸려 발버둥치다 떨어진 건지
알 수는 없지만 죽은 나방은 연못의 생물들을 불러들였어요.
'슝, 슝, 슝!'
나방이 떨어진 소식을 어디서 전해 들었는지,
눈 깜짝할 사이에 소금쟁이 여럿이 달려들어요.
한 발 늦은 송장헤엄치게도 나방의 사체를 향하고 있고요.
나방의 체액을 조금이라도 더 먹기 위해
서로가 뒤엉켜 아귀다툼을 하고 있네요.
두 뼘 남짓 떨어진 곳에서는 물맴이가 뱅글뱅글 돌고 있어요.
사체의 체액을 빨아먹고 산다고
이들을 나쁘게 여기는 건 옳지 않은 일이에요.
여러 생물들이 빠져 죽어도 연못이 오염되지 않는 이유는
이들 소금쟁이나 송장헤엄치게가 물속 청소부들과 함께
환경미화 작업을 끊임없이 하고 있기 때문이니까요.

물맴이는 참 재미있는 곤충이에요.
고장 난 모터보트처럼 제자리를 맴도는 게 주특기인 녀석이지요.
하지만 물맴이가 그저 재미있어 돌고 또 도는 건 아니에요.
물맴이가 물 위에서 뱅글뱅글 돌면 작은 소용돌이가 생기고,
남들이 먹다 남은 찌꺼기가 그 안으로 들어오거든요.
그러니까 물맴이가 자나 깨나 열심히 도는 까닭은
오직 먹잇감을 얻기 위한 몸부림인 셈이지요.

물맴이

날아오르는 소금쟁이

우람이가 물맴이에 정신이 팔려 있는 사이,
배를 채운 소금쟁이 한 마리가 훌쩍 날아가네요.
'어! 소금쟁이가 날기도 하네?'
우람이는 깜짝 놀랐어요.
그 때까지 소금쟁이가 하늘을 난다는 사실을 몰랐기 때문이지요.
우람이는 소금쟁이가 날아간 쪽으로 걸음을 옮겼어요.

한참을 걷다가 수정처럼 맑은 물이 흐르는 개울을 만났어요.
우람이는 물가에 쪼그리고 앉아 얼굴을 씻었어요.
'푸하, 푸하!'

그 바람에 깜짝 놀란 버들치와 도롱뇽이
서둘러 몸을 숨겼지요.
수영을 하고 있던 개구리들도
힐끔힐끔 눈치를 보네요.

무당개구리

도롱뇽

고개를 숙여 물속을 찬찬히 들여다보니
나무 잎사귀들이 한곳에 쌓여 있어요.
돌에 걸려 더 이상 떠내려가지 못한 것이었네요.
그런데 모든 나뭇잎에 작은 구멍들이 뿅뿅 뚫려 있어요.
'누가 구멍을 뚫어 놓았을까?'
궁금해진 우람이는 잎사귀를 들춰 보았어요.
"어, 옆새우다!"
나뭇잎 밑에 숨어 있던 옆새우와 뱀잠자리 애벌레가
재빨리 자리를 옮기고 있네요.
그 옆에서는 물방개가 올챙이 체액을 빨아들이고 있고,
그 뒤에 있는 실잠자리 애벌레는
'나는 도대체 뭘 먹어야 하지?'
하며 고민하고 있는 듯한 모습이에요.

개울 바닥에는 크고 작은 돌들이 아주 많이 있어요.
'돌 밑에서는 무엇이 살고 있을까?'
우람이는 중간 정도 크기의 돌 하나를 들어 올렸어요.
뭔가 꼬물거리고 있는 것이 분명히 있는 듯한데,
웬일인지 제대로 보이지 않네요.
"뭐지?"
고개를 숙여 꼼꼼하게 관찰해 보았어요.
그리고 잠시 후, 우람이는 돌에 바싹 붙어 있는
하루살이 애벌레를 찾을 수 있었지요.
하루살이 애벌레가 천적들의 공격을 피하기 위해
돌과 비슷한 보호색을 하고 있었던 거예요.
개울 저편에서는 해오라기가 물고기 사냥을 하고 있네요.
그 위로는 해오라기의 사냥 소리에 놀란 강도래가
요란한 날갯짓을 하며 줄행랑을 치고 있고요.

강도래

물고기를 잡아먹는 해오라기

하루살이 애벌레

하루살이 애벌레

밀잠자리 애벌레

개울물 속에는 그 외에도 다양한 생물들이 살고 있어요.
가재, 강도래, 플라나리아, 옆새우 등등
이들은 하나같이 맑고 깨끗한 1급수에서만 살아요.
그래서 하천 오염을 가늠하는 잣대 역할을 하지요.

강도래 애벌레

가재

다른 돌을 들춰 보니 작은 모래 알갱이가 붙어 있네요.
'어? 움직인다!'
그런데 모래 알갱이 무더기가 꿈틀거리고 있어요.

자세히 살펴보니 날도래 애벌레 집이었어요.
날도래 애벌레는 모래나 낙엽에 침을 발라 보금자리를 짓고 살아요.
띠무늬우묵날도래 애벌레와 바수염날도래 애벌레가 이웃사촌이네요.

개울가 풀잎 마디 위에서는 왕잠자리가 허물을 벗고 있네요.
봄처녀하루살이는 건너편에서 그 모습을 구경하고 있고요.
'꼬르륵, 꼬르륵!'
뱃속에서 아까부터 신호를 보내고 있어요.
그러고 보니 아침도 먹지 않고 나와 한나절을 보내고 말았네요.
'이크! 엄마한테 무지 혼나겠다!'
조금 걱정이 되기는 했지만 우람이의 마음은 뿌듯했어요.
냇물과 냇가에 사는 생물들을 꼼꼼하게 살펴볼 수 있었고,
물의 소중함을 다시 한 번 느낄 수 있는 시간이었으니까요.

참개구리 봄처녀하루살이

🐸 청개구리

청개구리는 발가락 끝이 나무나 바위를 타기에 알맞기 때문에 '나무 개구리'라 불립니다. 주변의 환경에 따라 빛깔이 달라지는 보호색을 갖고 있습니다. 산란기가 되면 논이나 고인 물 주변에서 큰 소리로 울며 알덩이를 산란합니다.

🐟 송사리

송사리는 몸길이가 4~5cm의 민물고기로 오염된 물에서도 잘 살 수 있습니다. 실지렁이, 장구벌레, 물벼룩 등을 잡아먹고 살며, 특히 모기 애벌레인 장구벌레를 잘 잡아먹는 천적입니다. 수명은 매우 짧지만 뛰어난 번식력을 갖고 있으며 잠자리 애벌레, 물방개, 물자라, 게아재비, 장구애비, 백로 등 천적이 많아서 무리지어 생활합니다.

물잠자리

물잠자리는 하늘거리며 물가 주변을 천천히 날아다니는 잠자리로 몸은 청동색을 띱니다. 4장의 날개를 접으면 한 장처럼 포개지기 때문에 앞날개와 뒷날개의 크기가 다른 잠자리와는 구별됩니다. 애벌레로 겨울나기를 하고 봄이 되면 어른벌레가 되어 물가 주변을 날아다니며 작은 곤충을 잡아먹습니다.

🐞 칠성무당벌레

무당벌레는 무당처럼 화려한 빛깔을 띠고 있어서 붙여진 이름으로 옛날에는 됫박을 엎어 놓은 것 같다 해서 '됫박벌레'라 불렸습니다. 대부분의 무당벌레는 하루에도 200여 마리 이상의 진딧물을 잡아먹는 육식성 곤충입니다. 어른벌레뿐 아니라 애벌레까지도 진딧물을 잘 잡아먹기 때문에 농사에 도움을 주어 생물 농약이라고 불립니다.

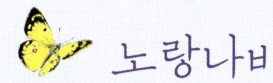 ## 노랑나비

노랑나비는 하천의 풀밭이나 마을 주변에서 흔하게 볼 수 있는 노란 빛깔을 띠는 나비입니다. 수컷은 노란색이지만 암컷은 노란색형과 흰색형 두 종류가 있으며 보통 수컷은 노란색형 암컷을 좋아합니다. 1년에 2~3회 출현하며 애벌레는 방아초, 완두 등의 잎을 먹고 자라서 어른이 되면 들판을 날아다니며 꽃에 모여 꿀을 빨아먹습니다.

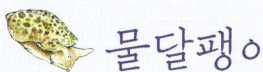 ## 물달팽이

물달팽이는 땅에 사는 달팽이와는 달리 물속에서만 생활하는 달팽이로 연체동물에 속합니다. 연못, 웅덩이, 호수 등에 전국적으로 분포하기 때문에 우리 주변에 물이 있는 곳이라면 어디서나 관찰할 수 있습니다. 오염에 강하기 때문에 오염된 물에서도 잘 살아갑니다.

물방개

물방개는 물속에 사는 수서곤충이나 작은 물고기를 잡아먹는 포식자입니다. 물 밖에 있는 공기를 꽁무니의 숨관으로 빨아들여 배 아랫부분의 저장실에 저장한 후 물속으로 잠수합니다. 그러다가 숨이 막히면 다시 물 위로 올라와 꽁무니를 내밀어 공기를 저장하여 물속으로 들어갑니다.

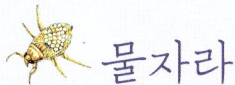 ## 물자라

물자라는 뾰족한 주둥이로 작은 수서곤충이나 물고기를 찔러서 체액을 빨아먹습니다. 수컷 물자라는 알을 등에 지고 다니며 부화할 때까지 정성껏 돌보기 때문에 '알지기'라는 별명을 갖고 있습니다. 보통의 곤충들이 알을 돌보지 않는 것과 달리 '부성애'가 강한 물자라는 알을 잘 돌보는 곤충으로 알려져 있습니다.

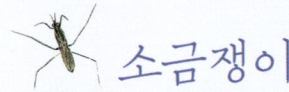 ## 소금쟁이

소금쟁이는 물 위에 둥둥 떠서 스케이트를 타듯 미끄러지며 헤엄을 잘 칩니다. 몸이 가볍고 발 아래서 기름이 나오기 때문에 절대 물속에 빠지지 않습니다. 물에 떨어진 사체에 모여서 뾰족하고 긴 주둥이로 사체의 체액을 빨아먹고 살며, 먹이가 떨어지면 날개를 펴고 먹이를 찾아 다른 곳으로 날아갑니다.

물맴이

물맴이는 고요한 물 위에서 빙빙 맴돌며 생활하는 수서곤충입니다. 빙글빙글 돌다 보면 주변에 떠 있던 부유 물질이 중앙으로 모여들어 자연스럽게 먹이를 먹을 수 있게 됩니다. 눈이 위와 아래에 각각 2개씩 있어서 물속과 물 밖을 동시에 볼 수 있기 때문에 위험한 천적이 나타나도 금방 눈치 채서 재빨리 피할 수 있습니다.

무당개구리

무당개구리는 무당처럼 빛깔이 화려하다고 해서 붙여진 이름으로 '고추개구리', '비단개구리'라고도 불립니다. 개울이나 산 주변의 웅덩이, 논 등에 살며 몸은 보통 짙은 초록색을 띠지만 때로는 검은색을 띠는 경우도 있습니다. 천적이 나타나서 위험한 상황에 놓이면 붉은 배를 드러내어 독이 있음을 알려서 자신을 보호합니다.

 ## 옆새우

옆새우는 옆으로 누워서 헤엄치는 생물로 새우, 게, 가재와 함께 갑각류에 속하는 생물입니다. 계곡이나 냇물처럼 맑고 깨끗한 1급수의 물에 사는 수질지표 생물로, 냇물에 떨어진 낙엽을 갉아먹어 분해시키는 분해자입니다. 하루살이, 날도래와 함께 물고기의 중요한 먹이가 되기 때문에 옆새우가 없으면 물고기들도 살기 힘듭니다.

하루살이

하루살이는 어른벌레와 애벌레 모두 기다란 꼬리를 2개 또는 3개를 갖고 있는 곤충으로, 어른이 되면 삼각형의 날개를 갖게 되어 잘 날아다닙니다. 하루살이라는 이름처럼 어른벌레의 수명은 약 10일 내외로 매우 짧습니다. 그러나 애벌레 시절은 물속에서 1~2년을 살 정도로 매우 길기 때문에 하루살이의 진짜 수명은 1~2년입니다.

가재

가재는 새우와 게의 중간형으로 갑각류에 속하는 생물입니다. 맑고 깨끗한 1급수의 냇물에만 살 수 있기 때문에 수질 지표생물이 됩니다. 냇물의 바닥에서 생활하며 큰 돌 아래에 잘 숨어 살면서 작은 수서곤충을 잡아먹고 삽니다. 부화한 새끼는 암컷의 배 아래에 안겨서 보호받으며 자랍니다.

날도래

날도래는 애벌레 시절에는 물속에서 모래, 낙엽 등을 붙여서 집을 만들어 그 속에서 생활합니다. 다 자라 어른벌레가 되어 날개를 기왓장처럼 접고 앉은 모습을 보면 나방처럼 보입니다. 나비류의 조상인 날도래는 겉모습이 나방, 나비와 매우 비슷하지만 날개에 비늘가루가 없어서 나비류와 구별됩니다.

잠자리

잠자리는 애벌레 시절에는 냇물, 연못, 저수지 등의 물속에서 생활하면서 수서곤충, 작은 물고기를 잡아먹고 삽니다. 다 자라서 마지막 허물을 벗고 나면 날개를 달고 멋진 어른벌레가 되어 하늘을 날아다니는 비행사가 됩니다. 빠르게 날아다니며 주변에 살고 있는 곤충을 잡아먹으며 살아갑니다.

물속 생물에 대해 더 알아보아요.

물속 생물에는 어떤 종류가 있을까요?

물속 생물은 종류가 매우 다양해요. 요리조리 헤엄치는 물고기, 폴짝 점프하는 개구리 등의 동물도 있고요. 하루살이, 강도래, 날도래 등의 수서곤충도 있고, 가재, 옆새우 등의 수서갑각류도 있어요. 플라나리아, 실지렁이, 거머리, 물달팽이, 우렁이처럼 물속에 사는 무척추동물은 매우 다양해요. 물속과 물가 주변에는 다양한 수생식물도 살아간답니다.

흐르는 물과 고인물에는 어떤 물속 생물이 살고 있나요?

흐르는 물에는 산소가 많이 포함되어 있지만 고인물에는 산소가 적게 들어 있어요. 산소가 풍부하게 흐르는 물에는 하루살이, 강도래, 날도래, 뱀잠자리처럼 산소를 좋아하는 물속 생물이 살아요. 반면에 산소가 적은 고인물에는 잠자리 애벌레, 실잠자리 애벌레, 송장헤엄치게, 장구벌레처럼 산소가 부족해도 살 수 있는 물속 생물이 살아요.

물속 생물은 무얼 먹고 살까요?

물속 생물은 종류마다 각기 다른 방법으로 먹이를 먹어요. 우묵날도래, 민강도래 등은 낙엽과 같은 물질을 썰어서 먹고요. 꼬마하루살이, 알락하루살이, 줄날도래 등은 물을 따라 떠내려 오는 작은 유기물질을 모아서 먹지요. 납작하루살이, 광택날도래 등은 돌이나 자갈에 붙어 있는 조류를 긁어 먹고요. 강도래, 물자라, 게아재비 등은 다른 종류의 물속 생물을 잡아먹어요.

물속 생물은 어떻게 움직이며 살아갈까요?

물속 생물은 다양한 방법으로 움직이며 살아가요. 잠자리 애벌레는 바닥을 기어다니고 납작하루살이는 돌에 잘 붙어서 살아요. 하루살이와 깔따구는 물속 바닥에 굴을 파고 살고, 실잠자리는 수생식물의 줄기 위로 기어올라 가지요. 물방개는 잠수를 잘하고 장구벌레는 물 위에 둥둥 떠다녀요. 소금쟁이는 발을 빠르게 움직여 물 위에서 미끄러지듯 이동해요.

물속 생물은 어떻게 숨을 쉬나요?

물속 생물은 물속 또는 물 밖에서 산소를 얻어서 숨을 쉬어요. 물방개는 꽁무니에 물방울을 매달아서 물 밖의 산소를 몸속에 저장하여 숨을 쉬어요. 물자라와 게아재비는 긴 호흡관을 물 밖에 내놓고 물 밖의 공기를 빨아들여요. 그러나 강도래, 하루살이는 물속에 녹아 있는 산소를 기관아가미로 흡수해서 숨을 쉬어요.

물속 생물로 물이 깨끗한지 알 수 있나요?

맑고 차가운 물에는 산소가 많이 녹아 있고 오염된 물에는 산소가 적게 들어 있어요. 산소가 많이 들어 있는 맑은 물에는 강도래, 가재, 옆새우 등이 살고요. 산소가 적게 들어 있는 연못에는 연못하루살이, 물달팽이, 우렁이, 물방개, 물자라 등이 살지요. 어떤 물속 생물이 살고 있는지 관찰해 보면 물이 얼마나 깨끗한지 알 수 있어요.

물에 사는 수생식물은 어떤 역할을 하나요?

물고기나 수서곤충 등의 물속 생물이 죽으면 물은 오염되고 말아요. 그러나 수생식물이 오염된 물질을 흡수해서 물을 맑게 해주기 때문에 물속 생물들은 잘 살아갈 수 있어요. 물풀이 많은 곳은 다양한 민물고기가 알을 낳고 휴식도 취하는 중요한 곳이에요. 물에 사는 수생식물이 없다면 다양한 물속 동물들은 편안하게 살기 힘듭니다.